I²/n
42054

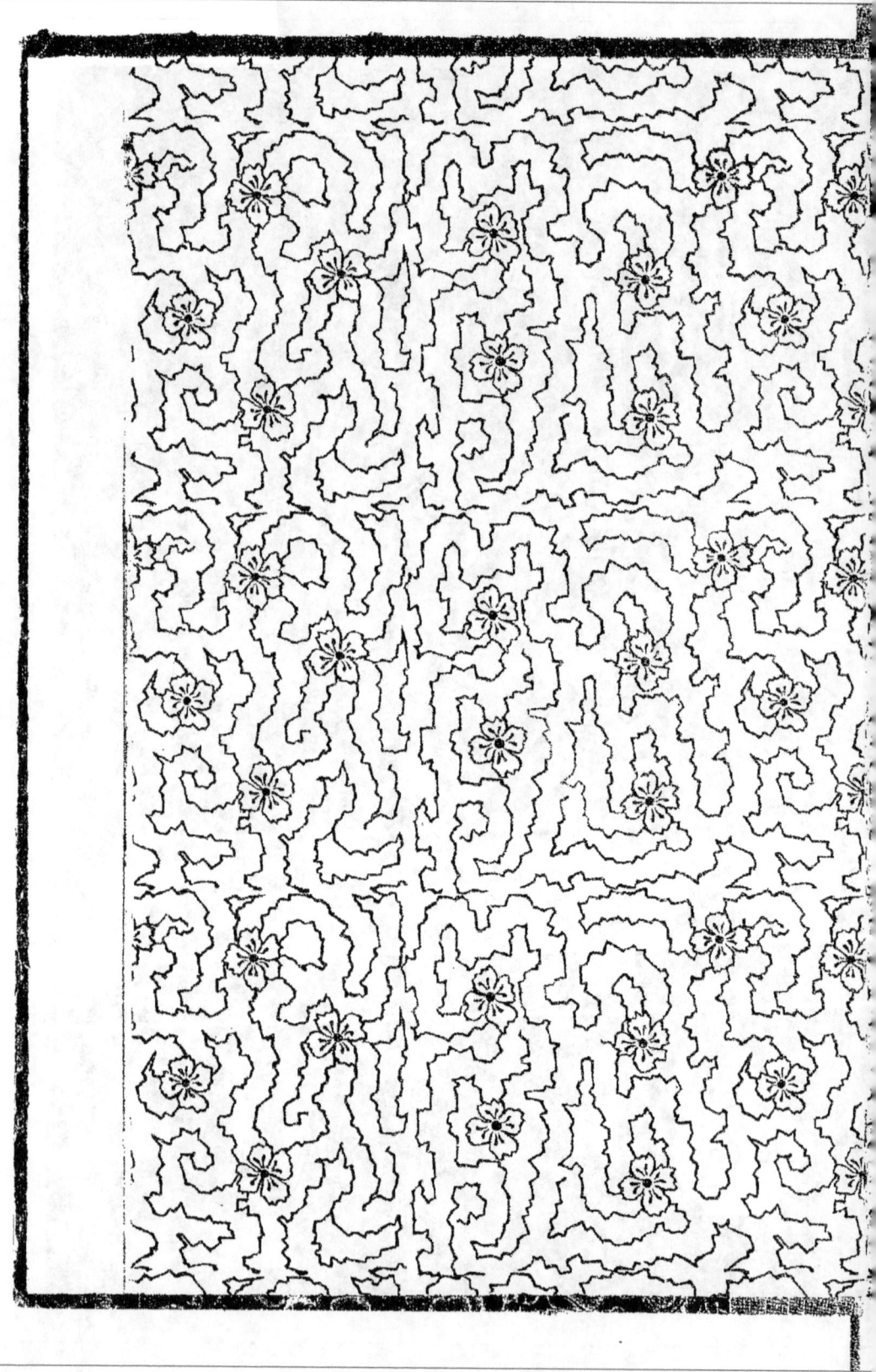

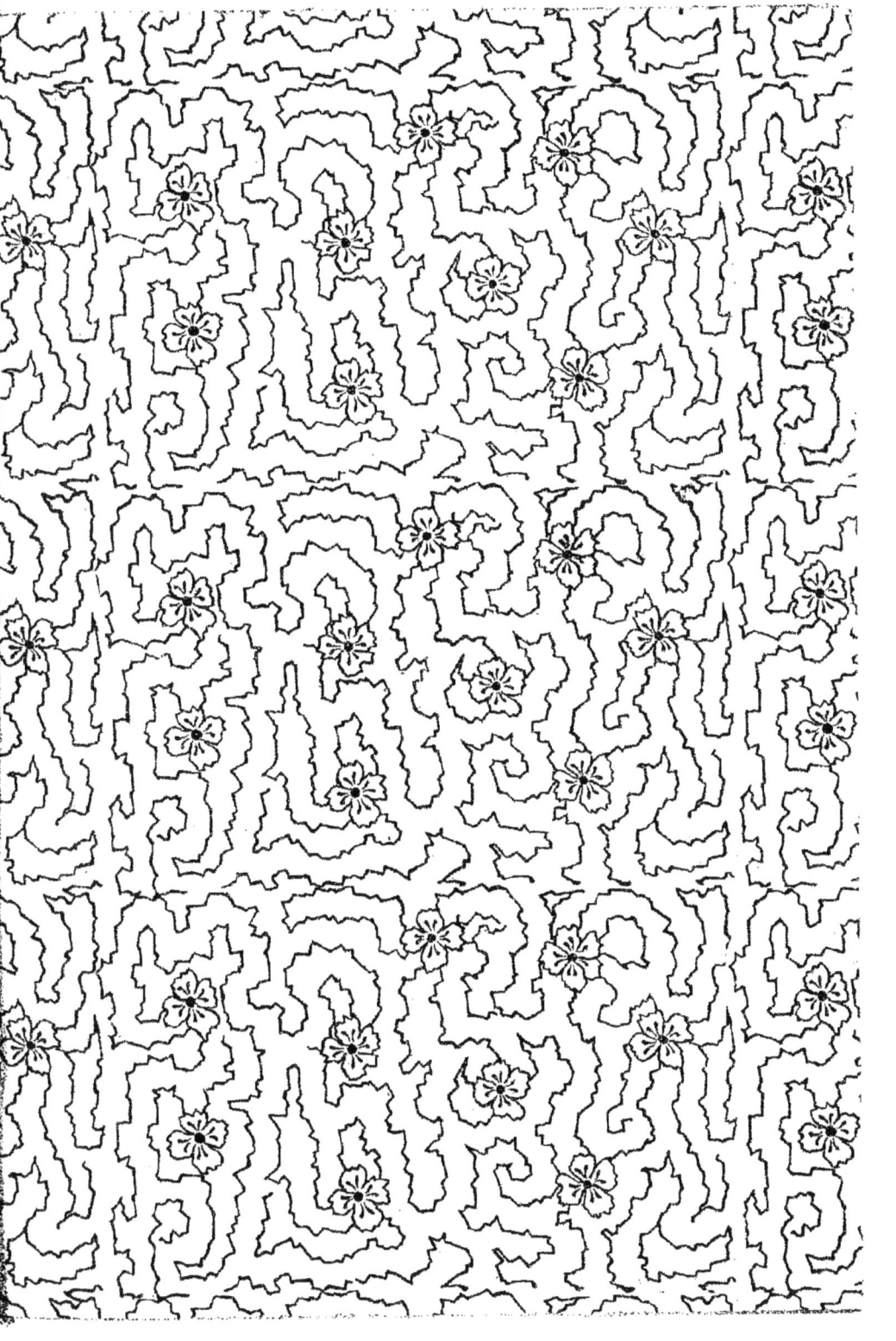

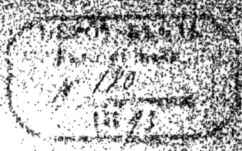

Pierre-Jules SOUFFLOT

13 Décembre 1793 — 2 Juin 1893

Ln 27
42054

Pierre-Jules SOUFFLOT

13 Décembre 1793 — 2 Juin 1893

Une longue et noble existence vient de s'achever. M. Pierre-Jules Soufflot, né à Auxerre le 13 décembre 1793, s'est éteint à Paris le 2 juin 1893, laissant à tous ceux qui l'ont connu et approché le souvenir et l'exemple d'une vie séculaire dominée tout entière par le sentiment du devoir et de l'honneur.

Malgré la modestie dont il s'était fait une sorte de rempart contre la notoriété, des hommages exceptionnels lui ont été rendus au moment de sa mort. Presque tous les journaux, par leurs plumes les plus autorisées, ont célébré son éloge. L'armée à laquelle il avait appartenu pendant les années de sa jeunesse, les grandes compagnies industrielles auxquelles il avait consacré son âge mûr, la Légion d'honneur dont il était commandeur, se sont fait représenter à ses obsèques par leurs chefs et leurs dignitaires ; un nombreux cortège de parents et d'amis a rendu témoignage de l'estime et de l'affection dont il avait toujours été entouré.

En réunissant les discours prononcés sur sa tombe, nous remplissons un devoir de reconnaissance envers leurs auteurs et de piété filiale envers celui qui en a été l'objet.

Nous avons cru être agréable à la famille et aux amis de M. Soufflot en faisant précéder cette publication de quelque pages de notice destinées à retracer les différentes phases de la carrière de ce véritable homme de bien.

Pierre-Jules Soufflot (1) appartenait à une famille distinguée de l'Auxerrois, dont la trace se retrouve jusqu'au milieu du xvie siècle. Son grand-oncle avait été le célèbre architecte de l'église de Sainte Geneviève (2), et était mort

---

(1) Il n'est dénommé que *Pierre* sur son acte de naissance, mais a été connu toute sa vie sous le prénom de *Jules*.

(2) Jacques-Germain Soufflot, l'architecte, mort célibataire, était l'aîné de quatorze enfants. Trois de ses sœurs et un seul de ses frères ont laissé une postérité. Son frère Jean-André Soufflot, marié à Thérèse Bailly de Monthyon, fut père de quatre enfants : Germain-André Soufflot, aîné ; Pierre Soufflot de Mércy mort sans postérité ; Denis Soufflot de Magny aujourd'hui représenté par ses petits-fils messieurs Soufflot de Magny et Dijols de Mondot ; et Victoire Soufflot, mariée à M. Foacier, qui a laissé pour descendants le baron Charles de Boigne, le vicomte de Cormenin et la duchesse de Reggio.

M. Germain-André Soufflot a laissé lui-même quatre enfants, M. Jules Soufflot, à qui cette notice est consacrée, madame Jollois, madame Lefèvre-Pontalis et madame Robillard.

en 1780 chevalier de Saint-Michel et intendant général des bâtiments du Roi. Son père, Germain-André Soufflot, pourvu lui-même d'une charge dans la maison du roi Louis XVI, s'était retiré à Auxerre, sa patrie, après la journée du 10 août. Il y avait épousé, le 4 mars 1793, une jeune fille de famille également honorée, Mlle Julie Boyard de Forterre d'Egriselle, et, sans se laisser décourager par les évènements, n'avait cessé pendant toute la durée de la Révolution d'apporter un concours utile et courageux à ses compatriotes. Appelé le 11 ventôse an II (1er mars 1794) devant le comité de surveillance, il y avait été retenu toute une nuit, et n'avait dû son salut qu'à sa réputation d'extrême urbanité envers tous. Il fut délégué, le 10 germinal an III (30 mars 1795) avec trois autres citoyens d'Auxerre, auprès de la Convention nationale, pour demander le désarmement des Jacobins dans toute l'étendue de la République ; un peu plus tard, en l'an V, son expérience des affaires et son dévouement aux intérêts publics le firent désigner pour prendre part à une conférence qui s'ouvrait à Paris sur les moyens de relever le commerce, l'agriculture et l'industrie, et de remédier à la dépréciation du papier-monnaie. En 1798, il fut un des premiers fondateurs de l'exploitation générale du service des messageries, qui, connue successivement sous le nom de Société des Messageries nationales, impériales ou royales, a été, avant l'établissement des chemins de fer, la plus grande entreprise de transports du siècle. Il était ainsi préparé aux fonctions publiques, pour le moment où la restauration de l'ordre lui permettrait de les accepter.

Aussi fut-il nommé, sous le Consulat, membre du Conseil général de l'Yonne le 18 germinal an XI (8 avril 1803), président de l'Assemblée du canton de Coulanges-sur-Yonne le 15 fructidor de la même année, et enfin, sous l'Empire, membre du Corps législatif, le 22 septembre 1805. Il ne put jouir longtemps de cette dernière situation, une mort prématurée étant venue interrompre, le 10 octobre 1808, une carrière qui s'annonçait brillante.

Madame Soufflot, sa veuve, dont la vie s'est prolongée jusqu'en 1854, était douée d'une rare élévation d'esprit et d'un charme dont le souvenir n'est pas perdu. Elle devait être appelée, peu d'années après la mort de son mari, en 1811, à faire partie de la Maison de l'impératrice Marie-Louise comme première dame du Roi de Rome. Elle n'était pas femme à reculer devant un exil volontaire pour rester fidèle aux devoirs qu'elle avait acceptés. Lors de la première restauration, au mois de mars 1814, elle suivit l'enfant impérial à Vienne et à Shœnbrunn, et ne revint en France qu'après dix-huit mois d'absence, en octobre 1815, comblée des témoignages de la reconnaissance et de la haute estime qu'elle avait su se concilier.

Au moment où elle devint veuve, en 1808, elle était âgée seulement de 34 ans, et restait chargée de quatre enfants, un fils et trois filles. Son mari, dont les biens avaient été assez considérables, laissait une fortune fort réduite par l'excès de sa confiance en des amis qui en avaient abusé. Jules Soufflot, qui était l'aîné de la jeune famille, n'avait pas encore quinze ans, et faisait ses études au lycée Napoléon. Autant par tendresse pour lui que par prévoyance, elle aurait voulu lui faire sentir la responsabilité du nouveau rôle qui s'imposait à lui, et le diriger vers une carrière civile. Mais le démon de la guerre s'emparait déjà de lui :

« Je vois le chagrin que te cause l'envie que j'ai d'être militaire, écrivait-il du lycée à sa mère, j'ai vu que tu étais triste hier. N'en parlons plus, cela te ferait trop de chagrin ; je renonce à l'état militaire, c'est fini. » Malgré ces belles protestations, il fallut lui céder. Il ne pouvait s'engager avant seize ans accomplis. Mais il avait un cousin, M. de Boigne (1), qui était commissaire ordonnateur des guerres à l'armée d'Allemagne ; il obtint d'être envoyé auprès de lui pour travailler dans ses bureaux. Le 21 mai 1809, il quittait le lycée et se mettait en route pour Donauwerth, puis pour Passau. Sa mère espérait encore que la vue du sang et le spectacle des tristes suites des batailles agiraient sur cette jeune imagination et le détourneraient de son projet. C'est une sorte de remède homéopatique sur lequel il ne faut pas compter avec une âme vaillante comme était celle de Jules Soufflot. Dès le mois de septembre sa résolution était irrévocable. Il écrivait alors à sa mère, de Passau :

---

(1) Le baron de Boigne, neveu du célèbre général de l'armée des Indes, avait épousé une des filles de madame Foncier, sœur de M. Soufflot.

« Ma chère maman, j'ai reçu votre lettre du 8 de ce mois par laquelle vous m'engagez à faire toutes mes réflexions avant de me décider à embrasser l'état militaire et à me dévouer dans cette carrière au service de S. M. l'Empereur ; j'ai pesé le pour et le contre. Des blessés, j'en vois passer tous les jours dans cette place, puisqu'on les y évacue des hôpitaux de Vienne (1). Le chagrin que peut vous causer mon choix est le seul qui pourrait m'arrêter ; mais ma vocation est trop décidée, elle m'oblige à passer par dessus tout. »

Et le 8 octobre :

« Tu me dis que je suis trop jeune, que j'attende encore jusqu'au printemps ; mais sois donc sûre que je suis assez fort pour supporter les fatigues, je suis bien grandi depuis mon départ. Je t'en supplie, fais tous tes efforts pour que je parte tout de suite....... Adieu, chère maman, du courage. Il faut que je sois militaire, rien ne peut m'en détourner. »

---

(1) On était au lendemain de la bataille de Wagram.

Pierre Jules Soufflot
1793-1893
Engagé au 20.° R.t de Chasseurs
1810

Madame Soufflot perdait visiblement du terrain dans sa résistance. Elle ne se résignait toutefois à la vocation militaire de son fils qu'à la condition d'obtenir d'emblée pour lui un brevet de sous-lieutenant ; et elle mettait en mouvement ses plus hautes relations, la reine Hortense, le maréchal Ney, le maréchal Oudinot, M. de Caux, pour lui faire accorder cette faveur. Mais il fallait être âgé de dix-huit ans pour être nommé officier, et le jeune candidat n'en avait pas encore seize. A 16 ans, il ne lui restait qu'une ressource : s'engager. Il quitta donc les bureaux de l'intendance dans les premiers jours de décembre 1809, et revint à Paris pour prendre ce grand parti.

Le 26 janvier 1810, sa mère recevait du ministre de la guerre la lettre suivante :

Madame,

D'après les demandes que vous m'avez faites, j'ai nommé M. votre fils brigadier-fourrier au 20e régiment de chasseurs à cheval ; mais comme cette arme exige des connaissances pratiques qu'on n'acquiert pas aux lycées, il devra faire pendant trois mois le service de chasseur et de brigadier avant de remplir les fonctions attribuées à son grade.

Je vous prie de lui remettre la lettre ci-jointe et de vouloir bien le faire partir sans délai pour son régiment dont le dépôt est à Bonn.

J'ai l'honneur d'être avec respect, Madame, votre très obéissant serviteur.

Le ministre de la guerre,

Duc de Feltre.

C'est de ce jour que date le mariage du jeune Soufflot avec le 20e régiment de chasseurs dont le drapeau resta cher à son cœur jusqu'à la dernière minute de sa vie, et qui, par une touchante réciprocité, a environné sa vieillesse de délicats hommages, et l'a escorté, quatre-vingt-trois ans plus tard, jusqu'au tombeau.

Ce régiment s'était fait dès lors une réputation de vaillance bien propre à enflammer l'imagination d'un jeune homme.

Pendant la campagne de 1809 (Eckmühl, Essling, Wagram), il formait, avec le 7e chasseurs et le 9e hussards, sous le commandement du général Edouard Colbert, une brigade qui s'était acquis le surnom de *brigade infernale*. Il avait servi dans la division Montbrun ; de Brack était un des aides de camp du général

Colbert ; Castex était colonel du régiment. La plupart des noms les plus populaires de la cavalerie française venaient d'être associés à sa destinée. Après Wagram, le colonel Castex fut remplacé à sa tête par le colonel Cavrois, avec deux nouveaux chefs d'escadrons sous ses ordres, Curély dont le nom est devenu légendaire, et Vérigny, digne émule de ces glorieux cavaliers, et dont les débuts lui promettaient la même illustration, s'il n'avait dû compter trop tôt avec la mort (1).

M. de Vérigny était précisément proche parent de Madame Soufflot. Cantonné à Varborg après la paix de Vienne, il était à une petite distance de Passau où le jeune Jules Soufflot était encore attaché à l'intendance. Ce fut lui qui l'entraîna au 20e chasseurs par la lettre suivante :

---

(1) L'histoire du 20e chasseurs a été brillamment écrite par M. le lieutenant Aubier, sous ce titre : *Un régiment de cavalerie légère, de 1793 à 1815* (Paris. Berger-Levrault, 1888). Ce livre a mérité cette année même l'honneur d'une médaille décernée par l'Académie des sciences morales et politiques. On peut consulter également, sur le même régiment, les souvenirs récemment publiés de Parquin, où une large part est faite à la mémoire du commandant de Vérigny.

Varborg, 2 décembre 1809.

Mon très cher cousin,

J'ai reçu ta dernière lettre avec la recommandation pour le maréchal Oudinot. Je n'ai pu le voir avant son départ pour l'Espagne, ce qui m'a extrêmement contrarié. Cependant ce qui m'a consolé c'est que je crois que, dans ce moment, il ne t'aurait pas été très utile, ayant beaucoup d'officiers à la suite.

Si tu m'aimes autant que je t'aime, mon cher cousin, demande une permission pour venir me voir. Le maréchal des logis qui te remettra cette lettre te servira de guide. Juge, mon ami, le plaisir que j'éprouverais si je pouvais t'être utile et te rendre les mêmes services que ta famille m'a prodigués.

J'ai besoin de causer avec toi sur tes prétentions, et si tu y persistes, je ferai tout ce qui dépendra de moi pour te faire supporter ton noviciat qui ne sera pas très dur, étant avec moi.

Je suis chef d'escadron au 20e régiment de chasseurs. C'est un régiment qui a une excellente réputation, et qui a fait cette campagne de la manière la plus distinguée.

Je t'embrasse.

VÉRIGNY.

Si tu ne viens pas me voir je suis fâché contre toi, j'ai besoin de causer avec toi.

On peut juger de la joie du jeune Soufflot quand il fut autorisé, avec le grade de brigadier-fourrier, à rejoindre le régiment de son cousin qui, à partir de ce jour, devint pour lui plus qu'un protecteur, un véritable frère aîné. Ce fut au dépôt du régiment, à Bonn, qu'il alla faire son premier apprentissage. Depuis ce jour ses lettres à sa mère témoignent d'un entrain, d'une bravoure, d'une bonne humeur qui ne se démentent jamais.

Cependant la vie du dépôt semblait lourde à son impatience. Ce fut seulement au mois d'avril 1810 qu'il put être incorporé dans un escadron actif. A ce moment, le 20e chasseurs, absent de la patrie depuis quatre années, rentrait momentanément en France pour servir d'escorte à l'impératrice Marie-Louise, de Strasbourg à Reims ; puis, traversant Orléans et Tours, il prenait ses cantonnements à Nantes, pour surveiller les côtes où l'on s'attendait à un débarquement des Anglais.

Enfin le 17 juillet on partait pour la guerre ! Le régiment était coupé en deux ; le 3e et le 4e escadrons, placés sous les ordres du commandant de Vérigny, étaient envoyés en Espagne. « Nous étions cantonnés dans les villages, écrit le jeune fourrier, lorque nous avons reçu l'ordre de retourner à Nantes, d'où nous partons pour Bayonne : 600 hommes partent, commandés par mon cousin. Tu sens bien que j'en suis. Le reste du régiment reste ici. Je ne puis te dire combien je suis satisfait de partir. »

Il commence à éprouver les enivrements du vrai soldat. Le 7 août il écrit de Bazas. « Mon cousin a toujours on ne peut plus de bontés pour moi. Il vient de me donner son sabre, dont la lame est en damas, et qui lui a coûté huit louis. Tu dois bien penser combien je suis glorieux de l'avoir à mon côté, et combien je mettrai d'action à le faire valoir. » Le 13 août, en passant à Orthez, il est reçu maréchal des logis. Le 18, il monte la garde pour la première fois à Irun, premier village d'Espagne. Sa bravoure ne nuit pas à sa sensibilité : « Dis-moi, je t'en prie, écrit-il à sa mère, comment va ta santé, si elle est un peu plus robuste. Pour moi, je t'assure que je me porte à merveille. Passer la nuit au bivouac n'est rien pour moi ; je me fortifie de jour en jour. Je vois combien tu vas avoir d'inquiétude sur moi. Je t'écrirai souvent ; mais si, par hasard, tu étais quelques jours sans recevoir de mes nouvelles, ne te forme pas des terreurs paniques ; car lorsqu'on est au bivouac, on n'a ni plume ni papier ; sans cela on ne peut écrire. »

On peut deviner si ses lettres étaient attendues et reçues avec émotion dans le cercle de la famille. Un des plus fidèles amis de ses parents, l'historien de Lacretelle, lui écrit à cette même époque : « Tu juges bien, mon cher Jules, que je prends ma part du bonheur que causent tes lettres à ta bonne mère. La vive affection que j'ai toujours eue pour toi est bien justifiée par tes lettres qui peignent un garçon plein d'honneur, de résolution et de sentiments tendres. Je te connais, tu te piqueras d'être constant et ferme. Les premières traverses de ton voyage n'ont fait que m'égayer... Tu aimes ton nouveau métier, voilà ce qui me charme... »

Ce n'est pas ici le lieu de refaire l'histoire de la guerre d'Espagne, même avec les lettres du jeune Soufflot et avec le précieux agenda où il inscrivait presque chaque soir l'étape de la journée. Il y passa exactement deux années, du 18 août 1810 au 13 août 1812, et ce sont précisément les deux années les plus douloureuses de cette funeste expédition, celles où la grande guerre avait fait place aux perpétuels combats de guérillas, où la population espagnole soulevée tout entière contre l'invasion opposait de toutes parts à la marche des

Français les embuscades, le désert et la faim. Pendant ces deux années, le corps d'armée auquel appartenait Soufflot ne fit qu'évoluer dans le royaume de Léon et l'Estramadure, avec quelques incursions en Castille, allant de Valladolid à Salamanque, de Salamanque à Ciudad-Rodrigo, à Cacérès, à Badajoz, surveillant la frontière du Portugal, s'efforçant de contenir les Anglais qui cherchaient, de leur côté, à déborder sur l'Espagne et qui finirent par y réussir.

C'est à la fin d'avril 1811 qu'il aperçoit pour la première fois les Anglais, et il le consigne avec bonheur sur son carnet. On était à Ciudad-Rodrigo, sur la frontière même du Portugal ; l'armée française cherchait à débloquer Almeïda que Wellington tenait assiégé, et allait livrer aux Anglais la sanglante bataille de Fuentès de Oñoro. La bataille dura deux jours, 3 et 5 mai 1811. On ne put réussir à faire lever le siége, et le général Brenier qui commandait la garnison de la place, prit l'héroïque résolution d'en faire sauter les fortifications et de pratiquer une trouée parmi les assiégeants afin de rejoindre l'armée française. Nous lisons à ce sujet dans l'agenda de M. Soufflot :

Pierre Jules Soufflot
1793 1893
Capitaine Lieutenant en 1ᵉʳ aux Lanciers
de la Garde
1815

Berny d'Ouville pinx.   Héliog Dujardin

Alméida fut détruit le 11 mai 1811, à 1 heure 1/2 du matin. Nous entendîmes de notre bivouac l'explosion, elle fut terrible. La garnison, forte de 1.500 hommes, traversa les trois lignes ennemies qui le bloquaient. Elle perdit 300 hommes au pont de San Felice. Ce pont se trouve entre deux montagnes très escarpées, et les Anglais l'avaient fait garder par deux régiments d'infanterie.

Soufflot s'était singulièrement distingué dans les évènements auxquels il avait pris part ; car ce fut aussitôt après la bataille de Fuentès de Oñoro que le commandant de Vérigny demanda pour lui l'épaulette de sous-lieutenant. Voici en quels termes il l'annonçait à Madame Soufflot :

Salamanque, 23 mai 1811.

Ma chère cousine, c'est avec le plus grand plaisir que je vous envoie une demande de sous-lieutenant pour Jules. C'est d'autant plus satisfaisant pour moi qu'il la mérite pour son excellente conduite ; c'est le moment de faire valoir tous les droits qu'il a de l'obtenir. M. le maréchal Davoust oblige ses compatriotes. Il faut lui demander sa protection ; alors je regarderai la réussite comme affaire certaine, et tous mes vœux seraient exaucés.

Je ne puis trop répéter, ma chère cousine, combien de plus en plus je m'attache à mon élève. Il se perfectionne tous les jours, il a une âme superbe. J'espère qu'un jour vous vous glorifierez d'avoir un fils tel que lui.

Je vous prie, ma chère cousine, de n'avoir aucune inquiétude sur son sort. Il est mon compagnon d'armes. Toutes les fois que je fais des battues sur les brigands (ce qui m'arrive souvent), il ne me quitte pas. Il n'a besoin de rien, je pourvois à tous ses besoins..

Vérigny.

Jules Soufflot fut nommé sous-lieutenant le 20 juillet 1811 ; il avait dix-sept ans et demi.

Son brevet ne lui arriva toutefois que le 18 novembre suivant : « Nous nous portons on ne peut mieux, écrit-il à cette date à sa mère, et mon nouveau grade me donne un nouvel enthousiasme. M. de Vérigny a reçu la croix d'officier de la légion d'honneur ; tu vois que la campagne 1811 nous a été favorable à tous les deux. »

Un grand deuil allait bientôt succéder à ces joies. Après avoir bravement tenu la campagne toute l'année 1811, et avoir livré de nombreuses escarmouches tantôt aux Anglais, tantôt aux bandes espagnoles, les deux escadrons que commandait M. de Vérigny, momentanément incorporés au 13e chasseurs, et formant l'escorte du maréchal duc de Raguse, étaient cantonnés dans le petit village de Zaratan, à une demi-lieue de Valladolid, où était établi le quartier général du corps d'armée. Le soir du 20 février 1812, le colonel de Vérigny et le sous-lieutenant Soufflot venaient de dîner dans Valladolid, lorsqu'ils furent rencontrés dans une rue de la ville par deux gendarmes français ivres qui leur barraient le passage. L'un d'eux tira son sabre : « Comment, gredin, s'écrie Soufflot, tu oses tirer ton sabre contre un colonel ! » Par un mouvement rapide, M. de Vérigny s'était emparé du sabre de Soufflot pour se défendre ; mais au même moment il tombait inanimé dans les bras de son jeune parent.

Il aurait mérité le suprême honneur du soldat, celui de mourir de la main de l'ennemi, et il tombait assassiné par un gendarme français.

Qu'on juge du désespoir du jeune Soufflot ! Il perdait celui qui était pour lui un véritable père, le plus entraînant des chefs, le plus attentif, le plus dévoué des amis. Il resta à Valladolid jusqu'à la condamnation de l'assassin qui fut fusillé, et en partit le 17 mars avec un convoi pour rejoindre son détachement, à l'escorte du maréchal, qui se trouvait alors à Salamanque.

Il eut, dès le lendemain, en sortant de Tordesillas, l'occasion de faire acte d'officier et de montrer toute sa valeur.

Le lendemain 18, lisons-nous dans l'*Agenda*, 120 hommes du 82e de ligne, chargés de l'escorte du convoi, eurent la lâcheté de l'abandonner à 200 brigands qui étaient venus l'attaquer. Dans cette affaire, en voulant charger, avec quatre chasseurs qui étaient avec moi, quelques-uns de leurs tirailleurs, ma jument reçut une balle à la tête. Parmi ceux qui avaient comme moi, profité de l'escorte, se trouvaient un général et un colonel qui perdirent entièrement la tête et ne firent aucune disposition de défense. Enfin, nous voyant sur le point d'être faits prisonniers, je pris le commandement de l'infanterie que ses officiers avaient abandonnée et qui était en désordre. Après l'avoir ralliée, je me retirai sur la première correspondance qui se trouvait encore à trois quarts de lieue et qui envoyait déjà une soixantaine d'hommes à notre secours. Nous eûmes des blessés, les brigands perdirent une vingtaine des leurs, mais firent une prise d'environ 200.000 francs.

Le 20 mars, le sous-lieutenant Soufflot avait rejoint le quartier général du maréchal, à Salamanque.

Le lendemain, dit-il, je fus commandé de piquet chez le Duc, où je trouvai M. Delachasse (1) qui était sous-chef de l'état-major général de notre armée de Portugal. Je restai de piquet jusqu'au 29 mars que nous partîmes pour faire une pointe sur Ciudad Rodrigo et le Portugal, pour faire diversion à l'armée anglaise qui assiégeait Badajoz.

Ce fut sa première entrée en Portugal.

Les villages entiers que nous traversions, remarque-t-il, détruits de fond en comble, déserts et abandonnés de leurs habitants, voici l'aspect que m'offrit le Portugal, où j'entrais pour la première fois.... De fréquentes maraudes nous procurèrent d'abord les vivres dont nous commencions à manquer.

Ici se place la plus brillante affaire du jeune officier, celle qui lui valut sa citation à l'ordre de l'armée et bientôt après la décoration de la Légion d'honneur.

---

(1) M. Delachasse, marquis de Vérigny, était le frère aîné du colonel de Vérigny dont nous venons de raconter la mort. Par une étrange fatalité, il devait, lui aussi, mourir d'une main française. Devenu général et commandant de l'école d'Etat-major, il était avec le maréchal Mortier, duc de Trévise, aux côtés du roi Louis-Philippe à la revue de la garde nationale du 28 juillet 1835, lorsqu'il fut mortellement frappé, avec le maréchal, par la machine infernale de Fieschi. Il a laissé un fils, le marquis de Vérigny, lieutenant-colonel au moment de la guerre de 1870 et aujourd'hui vivant ; c'est lui qui est resté jusqu'au moment suprême le plus fidèle parent et ami de M. Soufflot, et qui a recueilli son dernier soupir.

Laissons-le parler lui-même :

Le 14 avril (1812) M. le maréchal marcha sur Guarda, position très forte et occupée par deux divisions portugaises, commandées par les généraux Wilson et Traute, qui l'abandonnèrent à notre approche. Le duc ordonna aussitôt à sa garde de poursuivre l'ennemi. Après les avoir chassés pendant trois lieues par un vent et une pluie abominables, on aperçut une masse d'infanterie de 1000 à 1200 hommes. Le colonel Richemont, 1er aide de camp de S. Exc., chargé de l'expédition, m'ordonna aussitôt de partir en tirailleur avec six chasseurs du premier peloton que je commandais. Il me suivit bientôt, accompagné d'une quinzaine d'hommes composés de M. Denis de Danrémont, commandant de la garde, des officiers et de quelques grenadiers des mieux montés. En un instant, le carré formé de leurs plus anciens soldats qui s'étaient réunis pour la défense de leurs drapeaux fut enlevé et culbuté. Cinq drapeaux dont un pris par moi, 300 prisonniers parmi lesquels plus de 30 officiers, 800 fusils et une quantité de bagages restés sur le champ de bataille, fut le résultat de notre affaire dont certainement il y a peu d'exemples. Le reste se jeta dans la rivière ou se sauva dans les bois et dans les rochers à la faveur de la nuit extrêmement obscure qui s'approchait. Nous rentrâmes à onze heures du soir à Guarda, triomphants mais trempés jusqu'aux os.

Le drapeau portugais pris de la main du sous-lieutenant Soufflot flotte encore sous la voûte des Invalides ; le 20e chasseurs en conserve le fac-simile dans sa salle d'honneur à Châteaudun.

A la suite de ce fait d'armes, le duc de Raguse publia l'ordre suivant :

L'escorte de M. le maréchal duc de Raguse, sous les ordres de M. le chef d'escadrons Denis de Danrémont, a attaqué le 14 avril 1812, un corps de 800 insurgés et mis en fuite cette horde de Vieille Castille.

M. Soufflot, qui commandait le peloton d'avant-garde, n'a pas balancé à attaquer la masse d'"infanterie qui protégeait le drapeau. Il est parvenu au centre et a enlevé de sa propre main un drapeau à l'ennemi.

De tels actes de vaillance, dont nos soldats étaient prodigues, ne pouvaient malheureusement changer le cours des événements. L'armée anglaise avançait de toutes parts. La France, dont les jeunes recrues étaient réclamées ailleurs, ne pouvait envoyer de renforts à son armée d'Espagne. L'heure de la retraite avait sonné ; il s'agissait de la soutenir sans compromettre l'honneur de nos armes. Le 17 juin le Maréchal Marmont était obligé d'évacuer Salamanque, laissant dans la forteresse une garnison qui dut capituler après avoir soutenu pendant douze jours le siège de troupes formidables et repoussé plusieurs assauts. Le 3 juillet, il faisait faire l'artillerie anglaise en passant le Duero à Tordesillas ; le 22, reprenant l'offensive, il était battu et blessé aux Arapiles et remettait le commandement de l'armée au général Clauzel.

Entre temps, le sous-lieutenant Soufflot avait reçu l'ordre de quitter l'escorte, et de rentrer à son régiment, le 20⁰ chasseurs, qui était à l'armée d'Allemagne. L'ordre de service, en date à Paris du 19 mai 1812, lui parvint le 26 juin. Le 5 août il partait de Burgos avec un convoi considérable, escorté par 2000 hommes, qui eut à subir une forte attaque d'infanterie et d'artillerie aux environs de Poncorvo. Le 13 août, il passait la frontière et couchait à Bayonne.

Pendant ces deux années de guerre en Espagne, il avait pris part à quantité de combats, supporté des privations de tout genre. Mais jamais, ni dans ses notes, ni dans sa correspondance, n'apparaît aucune trace de défaillance, jamais une plainte. Seulement lorsqu'il rentre en France, nous lisons dans son agenda ce mot significatif : « On peut à peine se faire d'idée de la joie qui brille sur tous les visages lorsqu'on passe le pont d'Irun. »

Cette joie, ce n'était pas celle d'échapper au danger, mais bien de quitter une guerre sans résultat possible et désormais sans gloire, pour aller rejoindre en Allemagne la grande armée.

Après quinze jours accordés à la famille, du 24 août au 10 septembre 1812, il se remettait en route et arrivait le 24 à Berlin. Il y était retenu toute une semaine par le général commandant le dépôt de cavalerie, qui le chargeait de conduire à son régiment un détachement de trente et quelques chevaux. « C'est assez fâcheux, écrit-il, mais il faut bien souffrir ce qu'on ne peut empêcher. Je n'arriverai pas aussi tôt que je l'espérais. » Il accompagne, d'ailleurs, un régiment de marche, et supporte impatiemment les retards que le service lui impose. De Berlin à Wilna, la route par étapes est encore longue. C'est seulement vers la fin de novembre qu'il arrive dans cette dernière ville ; il en repart le 28 novembre, « avec un régiment de marche fort de 800 chevaux pour aller au devant de l'armée qui battait en retraite. » Le 28 novembre, c'était précisément le jour où l'armée de Napoléon passait la Bérésina.

Nous lisons dans l'*Agenda* :

Le 1er décembre couché à Smorcogna où nous rencontrâmes le commencement de la débâcle dont nous ne devions pas tarder à faire partie. Le 2, passé une rivière et couché dans un village sur la route de Borisoff. Le 3, reçu contre-ordre. Rentré à Smorcogna. Bivouaqué par un froid excessif. C'est dans cette journée-là que commencèrent les grands froids. Le 4 on se porta à trois lieues en avant sur la route de Smynstry pour y attendre les ordres de l'Empereur. Le 5, rentré à Smorcogna. Escorté l'Empereur jusqu'à dix lieues de Wilna. Nous étions partis de notre village à 3 heures du matin, et nous ne nous arrêtâmes que le lendemain 6 à la même heure, sans avoir mangé le moindre petit morceau. Le 7, couché à quatre lieues de Wilna, la route était jonchée de cadavres. Je ne pourrais jamais dépeindre avec assez de force le tableau d'horreur et de misère qu'a présenté cette retraite dont il n'y a jamais eu d'exemple. Le 8, à Wilna, le 9 rejoint le régiment, c'est-à-dire l'ombre du régiment.

Grâce à son énergie de caractère, grâce aussi peut-être à ce bonheur providentiel qui le fit passer tant de fois à travers les boulets et les balles sans jamais recevoir une blessure, il put sortir sain et sauf de cette effroyable retraite. Il s'en trouva quitte pour deux doigts de pied gelés, et pour son cheval volé au bivouac, le lendemain de son départ de Wilna. Le 12 janvier 1813, en passant à Drissen, il constatait que son régiment ne comptait plus que 125 hommes. Nous ne le suivrons pas jour par jour dans cette marche désolée, quoique chacune de ses étapes soit inscrite sur son carnet de poche jusqu'au 28 janvier, jour où il s'arrête aux environs de Magdebourg. Là finissent les mentions de son agenda. Mais, avec une présence d'esprit presque incroyable, il trouvait la force, un an avant sa mort, à 98 ans, d'en dicter la suite à l'un de ses neveux, qui se plaignait de laisser interrompus de tels souvenirs.

Une rare distinction lui était réservée. A dix-neuf ans et deux mois, le 12 février 1813, étant encore simple sous-lieutenant, il était nommé chevalier de la légion d'honneur. C'est ainsi qu'il put, exemple peut-être unique, porter sur sa poitrine l'étoile des braves pendant plus de quatre-vingts ans.

Le grand chancelier lui annonça la faveur dont il était l'objet par cette lettre :

Paris, le 12 février 1813.

Le grand Chancelier, ministre d'Etat,

A Monsieur Soufflot, Chevalier de la légion d'honneur, sous-lieutenant dans le 20e régiment de chasseurs à cheval.

L'Empereur et Roi, en grand Conseil, vient de vous nommer Chevalier de légion d'honneur.

Je m'empresse et je me félicite vivement, Monsieur, de vous annoncer ce témoignage de la bienveillance de Sa Majesté impériale et royale, et de la reconnaissance de la nation.

Comte de Lacépède.

On peut deviner à quel point une récompense aussi exceptionnelle électrisait l'âme du jeune officier. Aussi donna-t-il de nouvelles preuves d'ardeur et de vaillance à la bataille de Lutzen (2 mai) et à celle de Bautzen (20 et 21 mai 1813). Dix jours après ce dernier combat, le 31 mai, il était promu au grade de lieutenant ; et le général Maurin, qui commandait sa brigade, le choisissait comme aide de camp.

L'armistice de deux mois qui suivit la bataille de Bautzen fut le seul moment de repos que put prendre notre armée pendant cette laborieuse succession de campagnes ; les généraux, comprenant l'impossibilité de continuer la lutte, souhaitaient tous la paix ; la France épuisée la réclamait avec instances ; mais Napoléon pris de vertige n'écoutait aucune des propositions des Alliés. Il avait pour complice, il faut bien le dire, l'esprit militaire de ses soldats qui ne doutaient pas de la victoire, si l'on en doit juger par l'état d'âme du jeune Soufflot. Il était cantonné avec son général au château d'Heidan en Silésie quand, le 14 août, une estafette vint apporter la nouvelle que l'armistice était rompu, et donner l'ordre de marcher. « Dieu ! quel bonheur ! » s'écria-t-il. — « On voit bien que vous êtes un enfant ! » lui répliqua son général, entre les cils duquel il vit perler une larme.

Au même moment il écrivait à sa mère : « Enfin nous recommençons la guerre, et je pars, chère maman, sans avoir de tes nouvelles... Je n'ai pas besoin de te dire combien je suis content de rentrer en campagne, les cantonnements commençaient à m'ennuyer. Toute l'armée est magnifique et ne demande que plaie et bosse, et nous allons frotter les Russes et Prussiens d'une solide façon. Notre cavalerie est très bonne et manœuvre mieux que nos anciens régiments. Mon général a vingt escadrons dans sa brigade, et il fera certainement de bonne besogne ; je suis toujours parfaitement avec lui. Dans deux mois nous aurons la paix ; elle sera plus tôt faite avec quelques centaines de coups de canon qu'avec tous les plénipotentiaires. Je me porte parfaitement. Tâche de me faire parvenir de tes nouvelles, car c'est un bonheur pour moi d'en recevoir. »

Hélas ! il fallut bientôt rabattre de ces illusions. La brigade Maurin, à laquelle appartenait le 20e chasseurs, faisait partie du 2e corps de cavalerie commandé par le général Sébastiani, et de l'armée de Macdonald. Le 26 août, le jour même où Napoléon soutenait la bataille de Dresde, Macdonald s'engageait avec toutes ses forces contre Blücher sur la Katzbach et était complètement battu. La retraite de l'armée qui se replia sur Dresde fut contrariée par une pluie diluvienne qui dura huit jours. Les ruisseaux étaient tranformés en torrents ; les fantassins avaient de l'eau jusqu'à mi-corps et jetaient bas leurs armes. Les éléments conspiraient avec l'ennemi pour démoraliser nos troupes.

Ce n'était encore que le prélude de plus grands malheurs. La bataille de Leipzig approchait. Dans cette lutte héroïque qui dura trois journées entières, du 16 au 18 octobre, la cavalerie de Sébastiani repoussa successivement l'attaque de 12,000 Russes et mit en déroute un corps d'armée autrichien; mais en revenant de la poursuite où elle s'était engagée, la brigade Maurin ne comptait plus que 600 chevaux sur 1200 qu'elle avait encore deux jours auparavant. Après avoir traversé la ville à grand'peine pour rejoindre le reste de l'armée qui avait déjà passé l'Elster, elle eut du moins l'heureuse chance de s'engager sur le pont en même temps que l'Empereur, un peu avant la terrible explosion qui mit le comble à notre désastre.

Nous excéderions les bornes naturelles de cette notice, si nous voulions raconter en détail le rôle joué par M. Soufflot dans cette dernière période de la guerre. Il n'était que lieutenant, et quand les chefs les plus illustres de l'armée ont presque tous publié leurs mémoires, nous craindrions d'exagérer son importance, en insistant sur les faits qui lui sont particuliers. Il nous suffira de dire qu'il fit son devoir à Hanau, en chargeant la cavalerie bavaroise; et que, dans la campagne de France, il se distingua d'une façon toute spéciale dans les combats de Champ-Aubert et de Vauchamps; il suivit l'Empereur qui se portait sur les derrières de l'ennemi, revint avec lui à Troyes et fit partie de son escorte de Troyes jusqu'à

Fontainebleau. Cantonné avec le général Maurin aux environs de Melun, il eut l'occasion de porter plusieurs fois le rapport à la résidence impériale, et fut témoin de l'aspect lugubre et abandonné qu'elle présentait déjà. La veille même du décret de déchéance, le 2 avril, l'Empereur, en raison de sa belle conduite, l'élevait au grade de capitaine.

Quelques mois plus tard, sous la Restauration, les nominations faites à cette époque de transition furent contestées ; on procéda à une revision des grades ; celui du capitaine Soufflot fut maintenu par le ministre de la guerre, sur la double attestation du général Maison et du général Maurin, que nous aimons à citer comme étant tout à son honneur (1).

Paris ce 8 juillet 1814.

Monseigneur,

M. Soufflot, aide de camp de M. le lieutenant général Maurin demande à être confirmé dans le grade de capitaine auquel il a été promu par décret du 2 avril dernier.

---

(1) Ces deux pièces sont extraites des archives du ministère de la guerre.

Comme il est à ma connaissance que cet officier a mérité cette récompense par ses bons services et par sa bravoure distinguée, je prends la liberté de le recommander tout particulièrement aux bontés de Votre Excellence.

Je suis avec respect, etc.

    Le général en chef, gouverneur de la 1re division militaire,

              Comte MAISON.

           Paris, le 10 octobre 1814.

Monseigneur,

Mon aide de camp Soufflot fut nommé capitaine le 3 avril à Fontainebleau. Il le fut pour actions d'éclat et bonne conduite aux batailles de Champ-Aubert et de Vauchamps.

Je prie Votre Excellence de vouloir bien demander à Sa Majesté la confirmation d'un grade qu'il ne doit point à la faveur, mais à sa conduite sur le champ de bataille. L'aide de camp Soufflot est d'ailleurs un des plus fidèles sujets de Sa Majesté.

J'ai l'honneur d'être, etc.

    Le lieutenant-général,

            Baron MAURIN.

Les Cent-Jours arrivent. Soufflot est nommé capitaine lieutenant en 1er aux lanciers rouges de la garde impériale. Ce changement de position qui, en le rapprochant de l'Empereur, semblait le désigner pour de nouveaux dangers, fut cause au contraire qu'il ne prit point de part à la bataille de Waterloo. Comme dernier officier nommé de son régiment, il fut envoyé au dépôt à Versailles, où, tout en rongeant son frein, il fut chargé de former des recrues pour une nouvelle campagne qui ne devait jamais s'ouvrir. Il ne retrouva son corps qu'aux portes de Paris, et bivouaqua dans l'avenue de Neuilly pendant l'agonie de l'Empire.

Il resta au service pendant trois années encore, dans cette position de non-activité que les circonstances rendaient inévitable. Mais la paix n'était pas son fait, et, le 1er juillet 1818, il se fit rayer définitivement des contrôles de l'armée.

Madame Soufflot, après avoir suivi l'Impératrice Marie-Louise et le roi de Rome en Autriche depuis le mois d'avril 1814 jusqu'en octobre 1815, et avoir prolongé auprès d'eux sa fidélité tant qu'il leur avait été permis de conserver une maison française, était rentrée à Paris et s'était rapprochée des anciens amis de son mari, qui avaient été ses collègues aux Messageries nationales, Messieurs de Nanteuil, Besson, Cailus. Sous leurs auspices, elle décida le brillant capitaine à entrer dans cette administration, où il accepta modestement de faire une sorte d'apprentissage avant de reprendre la place qu'avait occupée son père. Ce fut seulement en 1826 qu'il devint administrateur adjoint, et en 1828 administrateur en chef de cette grande entreprise, qui jouait alors dans l'industrie des transports un rôle analogue à celui que remplissent aujourd'hui nos chemins de fer. Il y employa dès lors toute son activité.

Il ne reprit les armes que comme garde national, et, à travers les émeutes qui signalèrent les dix premières années du règne de Louis-Philippe, il se battit avec cet entrain et cette bravoure dont il avait pris l'habitude à l'armée. Il donna à cette occasion deux preuves remarquables de sa simplicité et du désintéressement de son caractère.

Il était chef de bataillon dans la 3e légion de la garde nationale parisienne. En 1838, la compagnie de grenadiers vint à perdre son chef M. du Puget, qui s'était acquis une célébrité dans ces tristes guerres des rues. Ne sachant où trouver un officier digne de le remplacer, elle demanda à M. Soufflot de se mettre à sa tête. Il ne balança pas à déposer son aigrette de chef de bataillon pour reprendre les épaulettes de capitaine, allant toujours droit au devoir plus qu'aux honneurs.

Il apprit quelques années après par le *Moniteur* (février 1843) qu'il était nommé officier de la légion d'honneur. Il courut chez le maréchal Gérard qui était alors grand chancelier, pour lui déclarer qu'il refusait cette dignité, qu'après avoir gagné la croix en face de l'ennemi, il ne pouvait accepter une décoration pour s'être battu contre des Français. Le maréchal eut grand'peine à lui faire comprendre que son refus serait offensant pour le gouvernement. Il se soumit, mais resta pendant une longue période sans vouloir attacher la rosette à sa boutonnière.

Il consacra cinquante années de sa vie aux Messageries, avec lesquelles il s'était identifié, retrouvant parmi ses collègues une seconde famille à laquelle il s'était attaché, comme autrefois au régiment. Lorsque les Messageries nationales fondèrent en 1852 la compagnie des Messageries maritimes, il fut un des promoteurs de cette nouvelle entreprise qui devait porter sur tant de mers lointaines le pavillon français; il contribua également à créer, en 1855, la puissante compagnie des Forges et chantiers de la Méditerranée, et resta administrateur de ces trois sociétés jusqu'à l'âge qu'il avait fixé lui-même pour sa retraite.

Les deux sociétés des Messageries lui conférèrent plus tard le titre de président honoraire.

Ce fut en 1868, à 75 ans, qu'il renonça aux fonctions actives, voulant mettre en quelque sorte un intervalle entre la vie et la mort. Dieu prolongea cet intervalle au delà des limites ordinaires de l'existence humaine, et lui permit pendant près de vingt-cinq ans encore de faire le bien autour de lui.

Il s'était retiré dans sa propriété d'Herblay, à quelques lieues de Paris. Aucune des bonnes œuvres locales ne lui demeura étrangère. Il contribua pour une forte somme à la dotation de l'école des sœurs, à la création d'un asile, à la restauration de l'église, à la fondation de la Société de secours mutuels et d'un cercle d'ouvriers. Toute misère le trouvait secourable. C'était plaisir de voir chaque année, à l'anniversaire de sa naissance, le conseil municipal, les jeunes gens, les enfants de la commune, les sœurs de Saint-Vincent-de-Paul, se grouper autour de ce vénérable vieillard, et lui témoigner la reconnaissance de tous.

Il voulut aussi que la dernière propriété qu'il tenait de sa famille dans le département de l'Yonne, la terre de Grangefolle, fût transformée en un orphelinat agricole, dont il régla lui-même les conditions d'existence.

Il conserva jusqu'aux plus extrêmes limites de l'âge une activité de corps et d'esprit vraiment surprenante, montant à cheval jusqu'à quatre-vingt-neuf ans, chassant jusqu'à quatre-vingt-seize, étonnant tous ceux qui l'approchaient par la précision de ses souvenirs et la vivacité de ses impressions. De la vieillesse il ne connut qu'un seul chagrin, celui de voir disparaître peu à peu tous ses contemporains et la plupart de ceux qu'il avait le plus aimés : ses sœurs dont il était l'aîné, et qui moururent toutes trois plus qu'octogénaires. Il fut défendu du moins contre les tristesses de l'isolement par une famille nombreuse sur laquelle il avait reporté toutes ses affections, par des amis fidèles et par la présence auprès de lui d'une personne remarquablement distinguée qui lui consacra jusqu'à son dernier soupir les soins les plus attentifs et les plus délicats.

Sa modestie n'aurait certainement pas cherché à élargir ce cercle intime. Et cependant sa retraite fut forcée en quelque sorte, pendant les dernières années de sa vie, par de nouveaux venus qui lui apportèrent des joies et des émotions sur lesquelles il ne comptait plus. Une circonstance fortuite le remit en relation avec le régiment de sa jeunesse, le 20e chasseurs. Le colonel de la Girennerie, qui le commandait alors, voulut connaître ce dernier survivant des guerres de l'Empire, ce témoin des anciennes gloires du régiment. Il fut charmé par la bonne grâce d'un accueil auquel la vieillesse n'enlevait rien de sa sérénité, et comprit tout d'abord l'effet que l'évocation des souvenirs d'un autre âge pouvait produire sur les jeunes générations militaires. Fondant peu après, sous les auspices des illustres peintres Meissonier et Detaille, une société qui sous le nom populaire de « la Sabretache » se donnait pour mission de glorifier les reliques de l'armée, il voulut que M. Soufflot en fût le doyen d'honneur. Une autre société analogue, le *Passepoil*, fit le même appel à son concours.

Un jour vint où le sous-lieutenant de 1811 put se retrouver en présence de son ancien régiment tout entier. Au mois d'août 1888, le 20e chasseurs passait en manœuvres à Pontoise à quelque distance de la propriété de M. Soufflot. Le vieillard, toujours vert, voulut se donner le plaisir de réunir en une fraternelle agape les successeurs de ses anciens camarades. Ce fut un moment solennel que celui où le colonel Loth et le lieutenant-colonel Kirgener de Planta, à la tête de leur corps, mirent pied à terre pour lui donner l'accolade et firent défiler leurs escadrons devant lui.

On vit alors M. Soufflot, entouré de ses neveux et de ses petits neveux dont six étaient sous l'uniforme, tenir tête durant une après-midi entière à tout le corps des officiers, à une délégation des sous-officiers et des soldats du régiment, les animer par le récit de ses campagnes et même par les chansons guerrières qu'avaient entendues pendant les premières années du siècle les sierras de l'Espagne et les plaines de la Pologne. Depuis ce jour la connaissance était renouvelée, et M. Soufflot put se faire l'illusion d'avoir repris sa place au 20e chasseurs ; le lieutenant Aubier, qui en écrivait l'historique, faisait appel à ses notes et à ses souvenirs, et, chaque année, à l'anniversaire de sa naissance, le colonel du régiment venait lui apporter au milieu d'une profusion de fleurs, les souhaits du régiment.

Le dernier de ces anniversaires fut célébré à Paris le 13 décembre 1892 ; M. Soufflot entrait dans sa centième année : la réunion de famille prit ce jour-là un éclat inaccoutumé ; des représentants de l'armée, de l'Institut, de la presse, des diverses sociétés auxquelles il appartenait, étaient venus lui offrir leurs compliments à l'aurore de cette année séculaire qui pour lui ne devait point s'achever en ce monde.

L'année précédente, le Président de la République avait conféré le titre de commandeur de la Légion d'honneur à ce doyen de l'ordre, qui était devenu le doyen des officiers français. Personne assurément ne justifiait mieux cette dignité, car la devise de la Légion d'honneur aurait pu devenir la sienne : pendant un siècle presque entier les deux objets de son culte avaient été, après Dieu, l'honneur et la patrie.

Au printemps de 1893, M. Soufflot fut atteint d'une bronchite, contre laquelle son énergique nature se défendit pendant plusieurs semaines comme s'il eût été encore en pleine maturité. Enfin le 2 juin il fut vaincu par la maladie plutôt qu'il ne succomba à la vieillesse. Il avait appelé à lui avec une grande foi les secours de la religion, continuant jusqu'au dernier moment à s'entretenir avec ses neveux et ses nièces qui le vénéraient. Au nombre des parents qui l'entouraient et qui recueillirent son dernier souffle, se trouvaient le baron Charle de Boigne fils du commissaire des guerres qui l'avait accueilli auprès de lui à 15 ans, et le marquis de Vérigny, neveu du colonel qui lui avait ouvert en 1810 les rangs de l'armée : touchant exemple de fidélité héréditaire dans les affections. On eût dit que les souvenirs de sa jeunesse s'étaient donné rendez-vous à son lit de mort.

Les obsèques de M. Soufflot ont été célébrées le 5 juin 1893, en l'église de Saint-Pierre de Chaillot. Les honneurs militaires ont été rendus au commandeur de la Légion d'honneur par un bataillon du 24e de ligne. Le maréchal Canrobert, le grand chancelier de la Légion d'honneur, le gouverneur militaire de Paris s'étaient fait représenter à la cérémonie, à laquelle assistaient un grand nombre de généraux et d'officiers supérieurs. Le colonel et le lieutenant-colonel du 20e chasseurs, accompagnés d'une délégation d'officiers, de sous-officiers et de soldats du régiment, entouraient le char funèbre. Les conseils d'administration des Messageries maritimes, des Messageries nationales, des forges et chantiers de la Méditerrannée, le maire et le conseil municipal d'Herblay, une délégation des anciens combattants de

1870, la 20ᵉ légère, *les sociétés de* la Sabretache *et du* Passepoil *avaient envoyé un dernier hommage de fleurs et de couronnes à leur vénéré doyen.*

Au cimetière Montmartre, le général de la Girennerie, au nom de l'armée, le colonel Kirgener de Planta au nom du 20ᵉ régiment de chasseurs, M. Girette en qualité de président du conseil d'administration des messageries maritimes et M. Lebrun, comme maire d'Herblay, ont prononcé, au milieu d'une assistance émue, les discours suivants.

DISCOURS

DU GÉNÉRAL DE LA GIRENNERIE

Je viens, comme ancien colonel du 20ᵉ chasseurs, dire adieu à notre doyen, le commandant Soufflot. Sous-lieutenant à 18 ans au 20ᵉ, il commandait en Espagne au combat de la Guarda, le peloton d'escorte du maréchal Marmont. Un carré ennemi barrait la route; Soufflot le culbute et prend l'étendard qui flotte aujourd'hui sous la voûte des Invalides.

Il avait du premier coup montré quel soldat il était. Ses modèles étaient ses anciens du 20ᵉ, ceux dont le colonel disait dans son rapport, au lendemain de Hohenlinden : « Ils ont tellement usé leur « sabre en frappant l'ennemi, qu'il me semble

« équitable que le gouvernement leur en donne un
« autre. »

On le retrouve avec le même entrain sur les champs de bataille d'Allemagne, de Russie, et enfin dans la campagne de France, à Champaubert et à Vauchamps. Il était à la fois le cavalier épique de Raffet et cet autre de belle humeur, de bonne race gauloise, que nous a fait connaître Charlet.

La guerre finie, en 1815, à 22 ans, capitaine et officier de l'ex-garde impériale, Soufflot, porteur d'un nom célèbre du xviiie siècle, veut encore être utile d'une façon active à son pays ; il entre dans cette grande compagnie qui assure l'influence de la France sur tous les points du globe, lui préparant, en cas de guerre, une puissante flotte de réserve ; il en devient l'un des administrateurs, mais son cœur battait toujours très fort pour l'armée.

A l'époque où M. le Ministre de la guerre faisait reconstituer le patrimoine de gloire des corps de troupes par les historiques, nous acclamions Soufflot comme notre doyen. Il m'écrivit alors :
« Mon colonel, c'est au 20e chasseurs que j'ai reçu
« en 1811 la croix de chevalier, permettez-moi de
« vous adresser chaque année, pour l'ordinaire de
« vos chasseurs, le montant de la pension attachée
« à cette croix. » L'action d'éclat de la Guarda fut

inscrite sur les murs de toutes les chambrées, la copie du drapeau des Invalides déposée à la salle d'honneur, et chaque année nous présentions aux recrues, à côté de l'étendard du Corps, le drapeau de la Guarda. Soufflot était ainsi devenu un éducateur. Sa légende s'était répandue rapidement dans l'armée qui prenait un vif intérêt à ce soldat, retour de la campagne de Russie, marchant allègrement vers sa centième année. Aussi peut-on dire que, quand M. le Président de la République lui décerna, comme une apothéose, la croix de commandeur, l'armée tout entière en tressaillit d'aise.

Je dois rappeler ici, pour honorer la mémoire de M. Soufffot, sa collaboration avec Meissonier pour une autre œuvre d'éducation militaire.

Vous avez vu, Messieurs, sur le cercueil, une couronne portant pour inscription : « La Sabretache à son doyen ». En voici l'explication : pendant l'exposition militaire de 1889 aux Invalides, Meissonier avait été très frappé de l'émotion patriotique de la foule, en présence de tous ces témoignages de notre passé. Le grand peintre s'était dit qu'un pareil musée, auquel toutes les familles militaires avaient envoyé leurs reliques, pourrait être pour les jeunes un enseignement de la plus haute portée, comme un cordial faisant oublier les mauvais jours et donnant confiance dans l'avenir. Il voulut tenter de le reconstituer d'une façon permanente après sa dispersion forcée. Groupant alors autour de lui des collaborateurs de cette exposition, il pria M. Soufflot d'être le doyen d'honneur de cette Société qu'il nomma la *Sabretache*.

Alors nous eûmes, au jour de l'inauguration, le spectacle inoubliable du peintre de l'épopée entrant dans notre salle de réunion, donnant le bras au vieux soldat qui ne pouvait maîtriser son émotion. Meissonier, dans une allocution vibrante, rappela le but que nous poursuivions, ajoutant qu'il espérait que le commandant Soufflot nous continuerait longtemps encore ses conseils. Notre doyen nous raconta ce qu'il avait fait; il s'animait peu à peu, il paraissait avoir repris ses vingt ans. Comme le tambour du réveil de Raffet, il faisait accourir tous les héros de nos guerres; il nous semblait les voir, tant il les peignait d'un mot juste, d'une phrase pittoresque; c'était la réalité de cette épopée dont nous n'avions eu que la vision.

La mort nous a pris notre président et notre doyen; mais, sous la conduite de notre grand peintre Detaille, la *Sabretache* poursuivra l'œuvre de ses glorieux fondateurs.

Je termine en disant que Soufflot a bien rempli sa tâche en ce monde. Ce fier soldat, qui avait tant de fois galopé d'enthousiasme au-devant de la mort, a vu s'approcher la dernière heure avec la foi et la résignation d'un bon chrétien.

Adieu, mon commandant, vous êtes allé rejoindre Pajol, Montbrun, Fournier-Sarlovèze, de Brack, tous ces grands cavaliers avec lesquels vous aviez chargé; nous garderons le souvenir de vos conseils et s'il fallait un jour s'expliquer avec le sabre, nous prendrions votre devise : **En avant, pour la Patrie !**

DISCOURS

DU COLONEL KIRGENER DE PLANTA

La fin de ce siècle semble marquée par l'envolée éternelle de ceux qui en ont illuminé l'aurore d'une gloire indélébile.

Le dernier survivant de la grande épopée est couché dans son cercueil.

Ce n'est pas sans une bien profonde et légitime émotion, sans un sentiment dont vous voudrez bien dégager toute idée personnelle, que le colonel du 20e chasseurs, petit-fils et neveu d'un général et d'un maréchal tombés sur les champs de bataille du premier Empire, a le douloureux honneur d'apporter au capitaine Soufflot, au vétéran de son régiment, le pieux hommage de sa famille militaire.

C'est qu'aussi elle est bien grande, cette inoubliable figure d'un temps déjà loin !

C'est que nous avons le droit et le devoir, nous autres les dépositaires de nos illustres devanciers, de mesurer nos forces et de prendre nos idoles parmi ces preux des légendaires chevauchées de la République et du premier Empire.

M. Soufflot est né à Auxerre, le 13 décembre 1793. Il s'engage et rejoint le 20ᵉ chasseurs à Bonn (sur le Rhin), le 26 janvier 1810. Il rejoint les escadrons actifs du régiment en Espagne et monte sa première grand'garde le 17 août à Irun. Il avait 16 ans !

Tolosa, Burgos, Valladolid, Salamanque, Ciudad-Rodrigo, sont ses premières étapes de guerre.

Au commencement de 1811, il passe à la réserve générale de cavalerie de l'armée de Portugal et prend avec le 20ᵉ chasseurs une part glorieuse à la bataille de Fuentès de Oñoro.

Puis ce sont des combats quotidiens avec l'armée anglo-portugaise, où le maréchal des logis Soufflot s'affirme tous les jours comme intrépide cavalier d'avant-garde.

Le 20 juillet 1811 il est nommé sous-lieutenant, et voilà 82 ans que l'armée s'honore de compter dans ses rangs un tel officier.

Peu après, à Valladolid, il recevait dans ses bras le colonel de Vérigny, son parent, lâchement assassiné.

Qu'il me soit permis de saluer ici, au nom des officiers du 20ᵉ chasseurs, le neveu du colonel dont les larmes se mêlent aujourd'hui à celles de MM. Lefèvre-Pontalis, Bᵒⁿ de Launay, de Vence, Odent, Montaudon et Duchemin, neveux et petits-neveux du brave officier. Nous apportons à toute la famille de notre inoubliable doyen l'hommage profond de notre douloureuse sympathie et c'est avec une satisfaction profonde que nous remercions plusieurs d'entre eux de poursuivre brillamment la carrière des armes en souvenir de leur héroïque aïeul. Bon sang ne saurait mentir.

Dans l'année 1812, le 17 mars, à Tordesillas, le sous-lieutenant Soufflot sauve d'un désastre le convoi qu'il escorte.

Le 14 avril, il marche à l'avant-garde du maréchal duc de Raguse et il prend un drapeau à la Guarda (Vallée du Mondégo.)

Ecoutez, Messieurs, l'ordre du jour du maréchal :

« L'escorte de M. le Maréchal duc de Raguse,
« sous les ordres du chef d'escadron Denis de
« Danrémont, a attaqué le 14 avril un corps de
« 800 insurgés et mis en fuite cette horde de Vieille-
« Castille. M. Soufflot qui commandait le peloton
« d'avant-garde n'a pas balancé à attaquer la masse
« d'infanterie qui protégeait le drapeau. Il est par-
« venu au centre et a enlevé de sa propre main un
« drapeau à l'ennemi. »

Puissent les générations présentes et futures du 20º chasseurs comprendre l'immortel honneur que M. Soufflot a légué à son régiment, et, au jour de la fête des Sabres, pensons au drapeau qui flotte actuellement sous le dôme des Invalides, pieux et éternel hommage rendu au vieux soldat !

En mai 1812, le sous-lieutenant Soufflot quitte l'Espagne et rejoint le 20ᵉ chasseurs sur le Niémen. Il prend part aux opérations de la Grande-Armée et nous avons tous, vibrantes dans nos cœurs, les pages du général baron de Marbot.

La campagne de Saxe met enfin, le 12 février 1813, la croix de chevalier sur la poitrine du vaillant officier.

Chevalier Soufflot, nous vous saluons et, avec nous, tous les membres de la Légion d'honneur de France ! Nul mieux que vous ne pouvait mériter la croix qui, depuis 80 ans, brille sur votre poitrine et il nous semble que la mort elle-même n'osait entreprendre d'y toucher.

Le lendemain de Bautzen, le 22 mai, M. Soufflot est nommé lieutenant et continue la campagne comme aide de camp du général baron Maurin. Le lieutenant Soufflot a de nouveau les honneurs de l'ordre du jour à Champaubert, à Vauchamps et, le 2 avril 1814, il est confirmé dans le grade de capitaine.

Les Cent-Jours le retrouvent capitaine lieutenant en premier aux lanciers de la garde, 22 mai 1815.

La chute de l'Empire brise l'épée du vaillant capitaine et il appartient à d'autres plus autorisés que moi de redire ses longs jours remplis d'une intelligente activité, d'une touchante affection pour les siens, donnant toujours l'exemple d'une modestie incomparable.

Et maintenant, mon capitaine, si votre glorieuse tâche est terminée, la nôtre commence.

Comme La Tour d'Auvergne, vous répondrez toujours : *présent*, à l'appel de nos cœurs au 20e chasseurs.

Votre mémoire nous servira d'exemple et un jour viendra peut-être où votre guidon lumineux nous précèdera dans une chevauchée victorieuse.

Ici, nous nous arrêtons sur le bord de cette tombe ouverte, mais sur l'autre rive, le Dieu des Armées envoie, pour vous accompagner jusqu'au ciel, les ombres des Murat, des Lassalle et des Montbrun !

DISCOURS DE M. GIRETTE

PRÉSIDENT DU CONSEIL D'ADMINISTRATION
DES MESSAGERIES MARITIMES

Après les dernières prières de l'Eglise, après l'éloquente allocution du général de la Girennerie et l'émouvant récit qu'a fait le colonel du 20ᵉ chasseurs des actions d'éclat qui ont illustré la vie militaire du capitaine Soufflot, l'heure n'est plus aux longs discours. Devant la tombe encore ouverte autour de laquelle se pressent tant de vieux amis, de collaborateurs et d'auxiliaires dévoués de sa longue existence, il ne doit plus être prononcé que des paroles de regret, de reconnaissance et d'adieu.

Témoin vivant, pour tout un siècle, des hauts faits de la Grande-Armée, dont il avait partagé la gloire et les misères, Jules Soufflot, à 22 ans, apportait aux œuvres de la paix les vertus qui avaient fait de lui un héroïque soldat. Au service de cette féconde industrie des transports, pacifique entre toutes, qui multiplie, à terre et à travers les mers, les relations de mutuel intérêt d'homme à homme et de peuple à peuple, il mettait l'esprit de discipline, l'autorité de commandement, la puissance d'initiative, la volonté tenace, la droiture et la scrupuleuse probité qui préparent et font prospérer les grandes entreprises.

Fils d'un député au Corps Législatif, l'un des fondateurs des Messageries nationales, Jules Soufflot, capitaine et légionnaire, entrait en 1815 dans les cadres de la vieille Compagnie dont il devait, à force de travail, en franchissant un à un tous les degrés hiérarchiques, devenir un des plus actifs administrateurs et mourir, 78 ans après, Président honoraire.

Il concourait, en 1852, à la fondation des Messageries maritimes et prenait part à tous les développements de cette entreprise hardie dont il ne se séparait, en 1867, malgré les instances de ses collègues, que pour prendre, loin des affaires, un repos laborieusement gagné.

Retiré à Herblay, dont les principaux représentants lui rendent avec nous les derniers devoirs, il consacrait aux bonnes œuvres ses forces encore vives et sa fortune. Sa bonté, sa générosité, son absolu désintéressement lui attiraient tous les cœurs. Ecoles, asiles pour l'enfance et pour la vieillesse, touvaient toujours sa bonne volonté prête et sa bourse ouverte.

Au cours de ses dernières années, un retour de faveur populaire avait attaché au nom du doyen, du seul survivant, peut-être, des officiers de la

Grande-Armée, un rayon de la gloire de l'épopée impériale; des hommes considérables en avaient avivé l'éclat ; la croix de commandeur, conférée par le chef de l'État comme un témoignage exceptionnel de distinction, fit enfin briller cette gloire à tous les yeux. Notre cher vétéran se sentait entouré des sympathies de la jeune armée. Le régiment de ses débuts, le 20ᵉ chasseurs, revendiquait son patronage comme un titre d'honneur. Ce concert d'hommages et d'attachements venant saluer le déclin de sa carrière lui a donné ses dernières et plus douces joies.

Sa robuste santé, maintenue par la vie régulière dont les soins vigilants de l'affection la plus dévouée écartaient tous les soucis, l'avait conduit jusqu'au seuil de la centième année. Mais l'heure des épreuves était venue. Notre vénérable ami, dans ces derniers mois, a payé des plus cruelles souffrances le privilège d'avoir autant vécu. Il a trouvé dans la foi chrétienne la force de les supporter. La mort l'a surpris ayant aux lèvres le crucifix consolateur.

Au vaillant homme de guerre, au chef d'entreprise universellement révéré, ami sûr, homme de bien par excellence, protecteur des sœurs de charité, bienfaiteur des humbles et des pauvres, au vrai chrétien, la grande famille de messagistes et de navigateurs, qui l'aimait et le pleure, donne par ma voix le suprême adieu.

DISCOURS DE M. LEBRUN

MAIRE D'HERBLAY

Des voix autorisées viennent de retracer la vie si bien remplie de M. Soufflot, en rappelant ses hauts faits d'armes et ses travaux aux Messageries maritimes.

Permettez-moi de venir très humblement, devant cette nombreuse assistance, remercier encore une fois M. Soufflot de tout le bien qu'il a fait à Herblay, et d'assurer à son honorable famille que la Municipalité, le Bureau de bienfaisance, la Société de secours-mutuels, la Compagnie des sapeurs-pompiers, la Fanfare, la Société de tir, les enfants des Ecoles, tous enfin, nous garderons un éternel souvenir de toutes les libéralités de M. Soufflot pour la commune d'Herblay.

C'est qu'en effet, Messieurs, M. Soufflot était une providence pour la commune et, pendant les quarante années que nous avons eu l'honneur et le bonheur de le posséder il n'a jamais cessé de faire des heureux : il a fait un don important pour la construction de l'école des filles et de l'asile ; il a largement contribué à la restauration de notre église et à la fondation de notre Société de secours-mutuels ; chaque année, au nouvel an et à l'anniversaire de sa naissance, les pauvres et les différentes sociétés avaient une large part de ses généreuses offrandes ; il avait toujours les mains ouvertes pour les infortunes qui s'adressaient à lui, et il serait bien impossible de dire combien de personnes il a obligées, par suite de ses nombreuses et hautes relations.

Aussi sa mort est-elle un grand deuil pour toute la population d'Herblay, et je viens en son nom exprimer sur cette tombe, où repose notre vénéré bienfaiteur, nos sincères témoignages de regrets, de respect et de profonde reconnaissance.

Oui, cher et bon M. Soufflot, nous penserons toujours à vous, et c'est de tout cœur que nous vous disons :

Adieu ! Adieu !

CHATEAUDUN

IMPRIMERIE J. PIGELET

1893

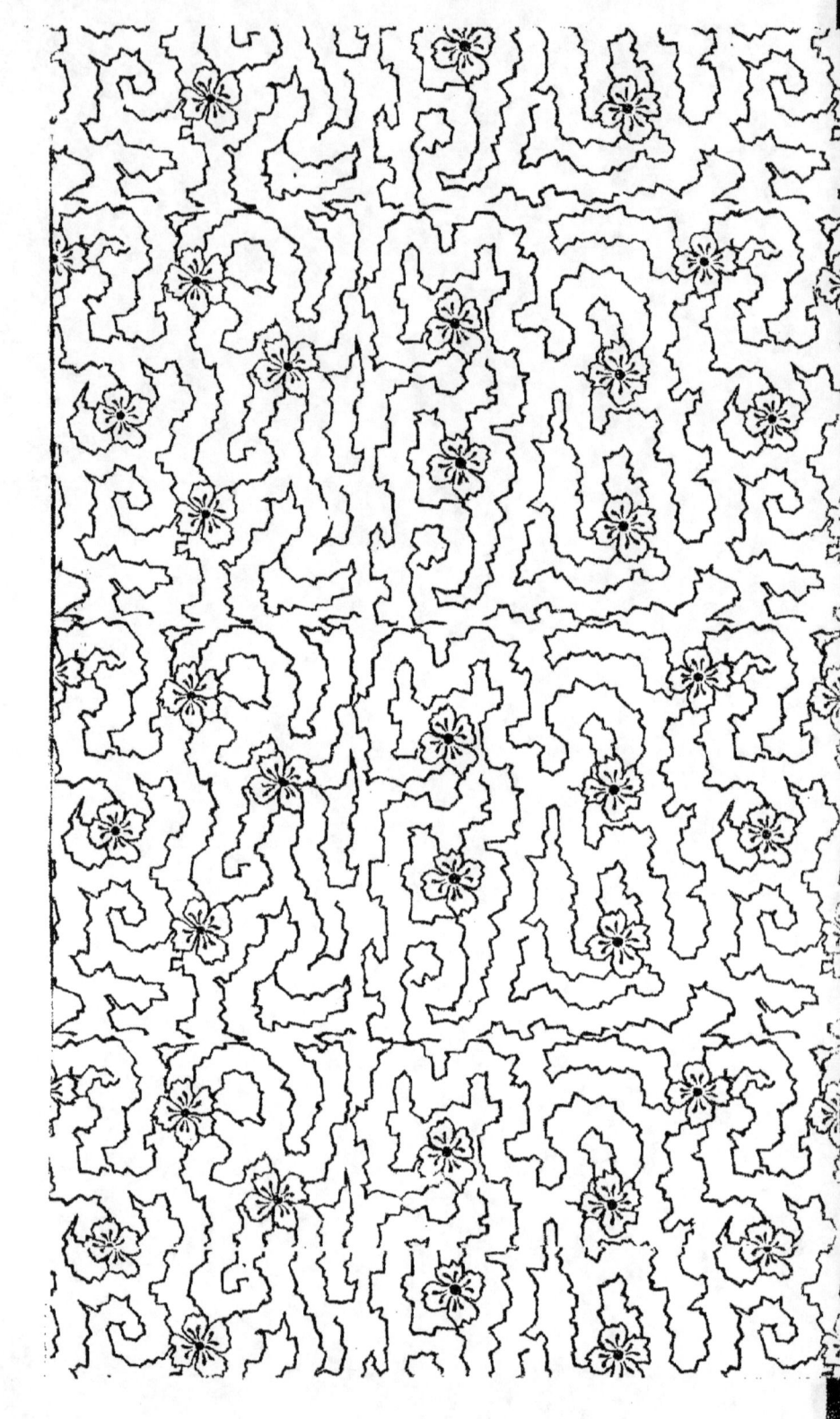

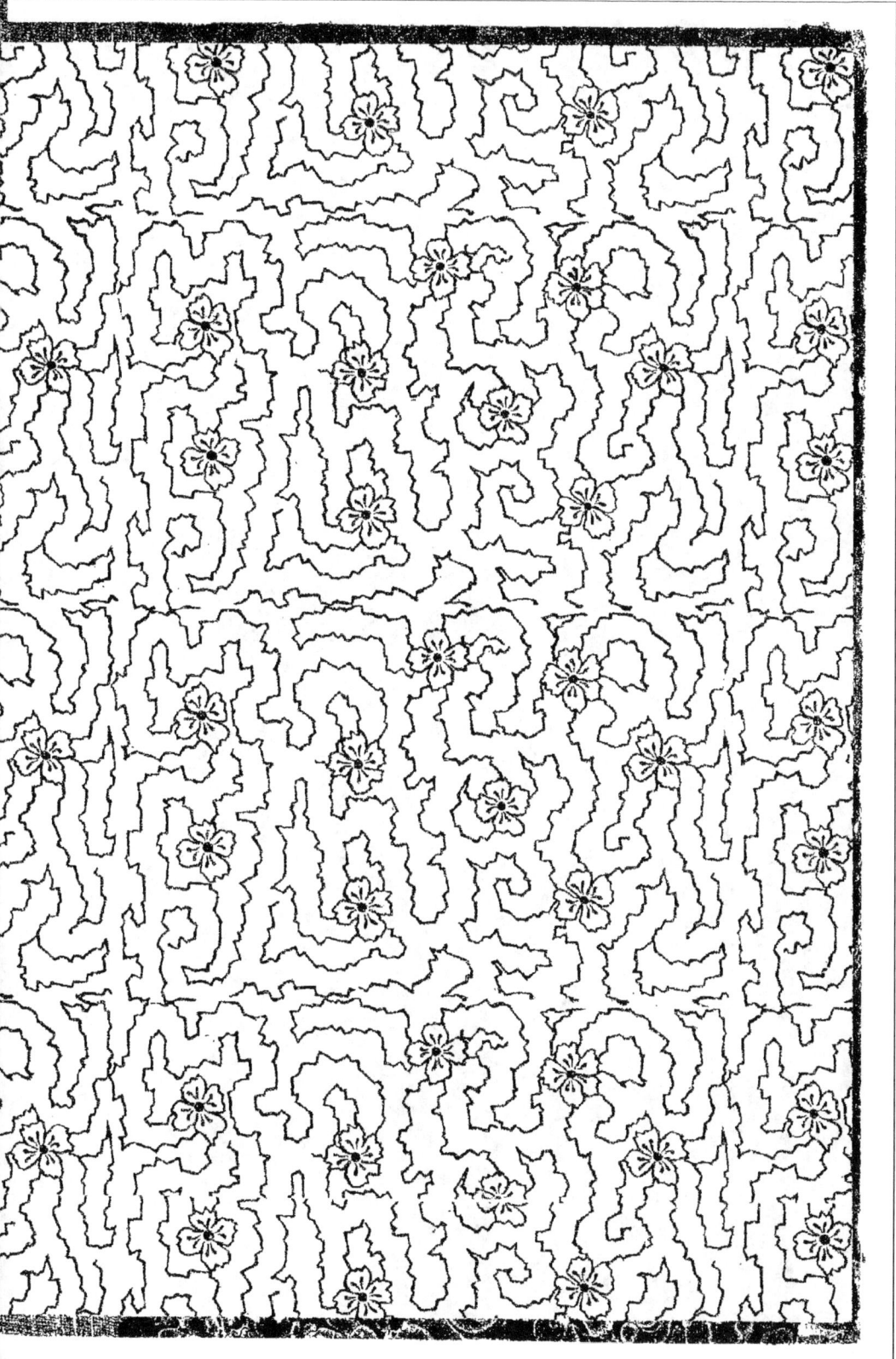

www.ingramcontent.com/pod-product-compliance
Lightning Source LLC
LaVergne TN
LVHW050618090426
835512LV00008B/1549